www.ingramcontent.com/pod-product-compliance
Lightning Source LLC
Chambersburg PA
CBHW021947160426
43195CB00011B/1255
* 9 7 8 1 7 3 8 2 8 5 5 4 9 *

انتشارات آسمانا

# شهروندانِ شهریور

سعید رضادوست

نشر آسمانا، تورنتو، کانادا

۲۰۲٤/۱٤۰۳

شهروندانِ شهریور
نویسنده: سعید رضادوست
ناشر: آسمانا، تورنتو، کانادا
طرح جلد: حمید سالاری
صفحه‌آرا: ایلیا اشرف
نوبت چاپ: اول، ۱۴۰۳/۲۰۲۴
شماره آی‌اس‌بی‌ان: ۹۷۸۱۷۳۸۲۸۵۵۴۹

حق چاپ برای ناشر محفوظ است.

# شهروندانِ شهریور

مجموعهٔ غزل

سعید رضادوست

در عبور است از زمستان، دانهٔ گندم...

«م. سرشک»

## نشانیِ شعرها

بر سنگفرشِ تیره روشن بود تکلیفِ ابهامِ خیابان‌ها............۱۱
نفَس بدونِ تو اما همیشه در نوسان بود............۱۳
مستوری و مستی مرا بر باد خواهد داد............۱۵
ما زخم خورده‌ایم بیشتر از پیش............۱۷
غمِ غریبی و غربت به وقتِ نیشابور............۱۹
در من هراسِ پرسشِ روزِ معاد نیست............۲۱
ای حضورِ آفتابِ سعادت!............۲۳
«ای کاش» من شدی............۲۵
ما شهروندانِ شهریورِ سرخیم............۲۷
رنجْ تن‌پوشِ هستی است مدام............۲۹
بی‌تکیه‌گاه می‌شود انسان بدونِ عشق............۳۱
آرام نمی‌گیرد پایانم و آغازم............۳۳
شب شمّه‌ای است از وزشِ گیسوانِ تو............۳۵
در دستِ گیجِ باد رها بود احوالِ سایه‌روشنِ گیسو............۳۷
اشک‌هایت دمی قرار نداشت............۳۹
به پایان می‌رسد هر بار انسان در شبِ هجران............۴۱
وطن! دوراز تو بادا جنگ و جهل و جورِ مجنونان............۴۳

ای وطن! مرا به بَر بکش...................................۴۵
خطِ خطا کشید بر صورتم زمان..........................۴۷
هنگام باران نیست..........................................۴۹
وحی آمده تا بر تنت امروز ببارد........................۵۱
چشمانِ تو تجسمِ یک رؤیاست؛ رؤیایِ بامدادیِ آزادی....۵۳
پس از تو هرچه سفر بود طعمِ ماتم داشت...........۵۵
نشانه‌ای فروفرست تا جهان‌مان دَمی نفَس کشد......۵۷
آزادی! ای شکوهِ صبحِ رهایی!..........................۵۹
رودها رو به انقراض دویدند..............................۶۱
جهانِ من به رنگِ چشم‌های توست....................۶۳
اژدهایی درونِ من خفته است...........................۶۵
خسته‌ام مثلِ پیرِ سوزن‌بان..............................۶۷
در بازگشت از جادهٔ جبرِ نبودن‌ها.....................۶۹
مرگ جبرِ زندگی است در قصیدهٔ حیات.............۷۱
سال‌هاست بین قرص‌های ماهیانه‌ام...................۷۳
میانِ حجمِ گلویم شکست شیشهٔ بغض..............۷۵
مردانِ بی نقاب، زنان بدون مرز........................۷۷
سبز خواهم شدن در این پاییز..........................۷۹
ای بختِ برگشته! تو شاهد باش.......................۸۱
ای آسمانِ سبزِ سعادت...................................۸۳
کارِ من عاشقی است ای مردم.........................۸۵
میان پیرهنش قونیه است و نیشابور..................۸۷
در بهشتِ مردها صدای زن نبود........................۸۹

در من هزاران روحِ مجروح است..........................................۹۱
بپاش بر تنِ من نقش‌های جادو را..........................................۹۳
در جست‌وجوی شمسِ آزادی در تبعید........................................۹۵
نشسته خنجرِ اندوه بر گلوی امید..........................................۹۷

**بر سنگفرشِ تیره روشن بود تکلیفِ ابهامِ خیابان‌ها**

از خانه بیرون می‌روم شاید پاسخ بیابد جستجوهایم
غرق است تهران در کبوترها من غرقه در بَقَرَبَقوهایم
در من هزاران چشمه می‌جوشد از هر یکی صدها هزاران شعر
چشمانِ من از شوق می‌رقصند کِل می‌کشند انگار موهایم

شهروندانِ شهریور

بر سنگفرشِ تیره روشن بود تکلیفِ ابهامِ خیابان‌ها
من شاهدِ بالیدنِ خورشید در ازدحامِ گفت‌وگوهایم
در حجله‌ای خاموش شمعی را با یادِ چشمانِ تو گیراندم
شمعی برای روزِ آزادی، شمعی برای آرزوهایم

تهران - ۲۹ تیر ۱۴۰۱

سعید رضادوست

**نفَس بدونِ تو اما همیشه در نوسان بود**

درونِ آینهٔ شهرِ خیسِ آه کشیدم
به روی گونه‌ام از چشمِ خویش راه کشیدم
در آسمانِ سیاهِ شبِ غریبی و غربت
تو را سپید و درخشان به جای ماه کشیدم

## شهروندانِ شهریور

به جستجوی نگاهت مسیرهای سفر را
به سمتِ مقصدِ دریاچه‌ای سیاه کشیدم
نفَس بدونِ تو اما همیشه در نوسان بود
که من به شوقِ تو ای یار! گاه‌گاه کشیدم
برای یافتنت رو به سوی قله نهادم
اگرچه بغضِ دلم را به قعرِ چاه کشیدم
مرا ببخش اگر واژه‌ای درشت نوشتم
مرا ببخش نفَس گر به اشتباه کشیدم
تمامِ طولِ سفر حسرتِ نداشتنت را
به دوشِ خویش چنان باری از گناه کشیدم

اصفهان - ۹ شهریور ۱۴۰۱

سعید رضادوست

**مستوری و مستی مرا بر باد خواهد داد**

برگی ندارم تا در این پاییز بستانی
دیگر چه مانده از منِ ناچیز بستانی؟
فرقی ندارد جانِ ویرانِ مرا ای عشق!
تو در خراسان یا که در تبریز بستانی

شهروندانِ شهریور

خون خوردم و خاموش ماندم تا پس از قرنی
دادِ مرا از لشکرِ چنگیز بستانی
مستوری و مستی مرا بر باد خواهد داد
خیّام! حقم را تو از پرهیز بستانی
من شهروندِ چینِ چشمانِ تو خواهم ماند
حتّی اگر آزادی‌ام را نیز بستانی

نیشابور - ۴ فروردین ۱۴۰۲

سعید رضادوست

**ما زخم خورده‌ایم بیشتر از پیش**

از حجمِ بغضِ روزگار بترسید
از مردمانِ سوگوار بترسید
کابوس‌تان چه خواب‌ها که برآشفت
از دیدگانِ بی‌قرار بترسید

## شهروندانِ شهریور

بعد از سقوطِ تخت و بختِ نشابور
دیگر چه سود کز تَتار بترسید؟!
ما زخم خورده‌ایم بیشتر از پیش
از زخم‌های بی‌شمار بترسید
از روزگارِ جنگ و نیزه و شمشیر
از تنگنای کارزار بترسید
وقتی پیاده و سوار ملول‌اند
از هر پیاده یا سوار بترسید
از لحظۀ عبورِ سبزِ بهاران
از سدّ سیمِ خاردار بترسید
بیمی اگر از انقلاب ندارید
از آهِ کودکانِ کار بترسید

تهران - ۹ اردیبهشت ۱۴۰۰

## غمِ غریبی و غربت به وقتِ نیشابور

جهانِ بی تو عدم نیز نیست، می‌فهمی؟
به جز تداومِ پاییز نیست، می‌فهمی؟
چه فهم می‌کند از حالِ مولوی آیا
کسی که عارفِ تبریز نیست، می‌فهمی؟

شهروندانِ شهریور

سیاه‌مست شدم از شرابِ چشمانت
جوابِ چشمِ تو پرهیز نیست، می‌فهمی؟
غمِ غریبی و غربت به وقتِ نیشابور
فقط حکایتِ چنگیز نیست، می‌فهمی؟
منم که این طرفِ میز اشک می‌ریزم
کسی در آن طرفِ میز نیست، می‌فهمی؟


تهران - ۱۵ اردیبهشت ۱۴۰۲

سعید رضادوست

**در من هراسِ پرسشِ روزِ معاد نیست**

خورشید در مقابله‌ات در نقاب شد
باران در آسمانِ حلولت شراب شد
باید به چشم‌های تو ایمان بیاوریم
شیطان به یک نگاهِ تو اهلِ کتاب شد

## شهروندانِ شهریور

باری گران به دوشِ کشیدیم در زمین
باری گران که زندگیِ ما حساب شد
در من هراسِ پرسشِ روزِ معاد نیست
هر روزِ عمر صرفِ سؤال و جواب شد
مشروطه‌خواه بود خرد در ولایتش
عشق آمد و درونِ سرم انقلاب شد
دیگر چه مصلحت؟ که حقیقت رسیده است
فصلِ وصال آمد و وقتِ صواب شد
در ازدحامِ همهمهٔ تیرهٔ جهان
نامِ تو را صدا زدم و آفتاب شد

تهران - ۲۰ اردیبهشت ۱۴۰۲

سعید رضادوست

زمزمه‌ای برای یکصدسالگیِ استادم دکتر محمدعلی موحد
# ای حضورِ آفتابِ سعادت!

دیر آمدم که زود بیایی
درد از تو دور و دیر بپایی
تا چگونه شعرِ شُکرِ تو گویم؟
شُکرِ آنکه همچنان به نوایی

شعر چیست تا زبان بگشاید؟
در برابرِ تو از من و مایی
ساعتی اگر که خانه نباشی
مولوی بپرسدَت که کجایی؟
شمس بارها به وقتِ مقالات
گفته جانِ جانِ جانِ صفایی
شب اگر تراود از تنِ معنی
آفتاب از کلام بزایی
قونیه سماع راست نماید
چون تو در حرم دمندهٔ نایی
ای حضورِ آفتابِ سعادت!
استجابتِ کدام دعایی؟


تهران - ۲۹ اردیبهشت ۱۴۰۲

«ای کاشِ» من شدی

میخانهٔ منی
مستانهٔ منی
جان و جهانِ من
جانانهٔ منی

شهروندانِ شهریور

دُردِ شرابِ ناب
دُردانهٔ منی
گُل بود هرچه بود
گلخانهٔ منی
تبریز و اصفهان
فرغانهٔ منی
«ای کاشِ» من شدی
کاشانهٔ منی
روح و روانِ من
ریحانهٔ منی

تهران - ۱۰ تیر ۱۴۰۱

سعید رضادوست

برای برادرم مجید

**ما شهروندانِ شهریورِ سرخیم**

باران رسید از راه، چشمِ جهان پُر نور
دف می‌زند خورشید، کِل می‌کشد تنبور
گل‌های آزادی ناگاه روییدند
بر سینهٔ تهران، در خاکِ نیشابور

شهروندانِ شهریور

ما شهروندانِ شهریورِ سرخیم
نو باید افلاطون واگوید از «جمهور»
اسطوره‌ای نو کرد باید ارسطو را
شورِ تجدد را گُل می‌دهد شیپور
ما سوگوارانِ غم‌های هم هستیم
آه ای برادرجان! شیرین بزن در شور
یک روز می‌آید در رقص می‌آییم
روزی نه‌چندان دیر، روزی نه‌چندان دور

تهران - ۱۳ مرداد ۱۴۰۲

**رنجْ تن‌پوشِ هستی است مدام**

شالی از دودِ آه بافته‌اند
دیده‌ام را به راه بافته‌اند
تارِ من را به پودِ پوچِ جهان
اشتباه اشتباه بافته‌اند

شهروندانِ شهریور

کوه بودم به جان و جسمِ مرا
قدرِ یک برگِ کاه بافته‌اند
رنجْ تن‌پوشِ هستی است مدام
خنده را گاه‌گاه بافته‌اند
در شطِ رنجِ مردمانِ جهان
درد را پادشاه بافته‌اند
بر تنِ جامه‌های تقدیرم
شعر را جان‌پناه بافته‌اند
آه ای روزگار! بختِ مرا
با گلیمِ سیاه بافته‌اند

تهران ـ ۲۲ اردیبهشت ۱۴۰۲

سعید رضادوست

**بی‌تکیه‌گاه می‌شود انسان بدونِ عشق**

پیراهنِ زمین شود از اشکِ ماه، تر
هرگاه می‌شوی تو از این ماه، ماه‌تر
جز راهِ خانهٔ تو به یادم نمانده است
در عشق هرچه سربه‌هوا سربه‌راه‌تر

## شهروندانِ شهریور

من با جهان به اوجِ تفاهم رسیده‌ام
من اشتباه بودم و او اشتباه‌تر
بر صدرِ زندگی است جفاکارِ تندخو
در زجرِ اوست هرکه شود بی‌گناه‌تر
بی‌تکیه‌گاه می‌شود انسان بدونِ عشق
مردی که عاشق است ولی بی‌پناه‌تر
اینک منم عصارهٔ عشق و سکوت و صبر
مویم سپیدتر شد و رویم سیاه‌تر

تهران - ۲۴ مرداد ۱۴۰۲

سعید رضادوست

**آرام نمی‌گیرد پایانم و آغازم**

احوالِ پریشانم آرام نمی‌گیرد
گریانم و بارانم آرام نمی‌گیرد
خشکیده و ویرانم، تصویری از ایرانم
خونریزیِ آبانم آرام نمی‌گیرد

شهروندانِ شهریور

هم جانِ جنون‌خیزم، هم شورشِ تبریزم
عصیانِ خراسانم آرام نمی‌گیرد
آرام نمی‌گیرد پایانم و آغازم
آغازم و پایانم آرام نمی‌گیرد
هرچند پریشانم، در آتشِ هجرانِ هجرانم
در سوگِ وطن جانم آرام نمی‌گیرد

تهران - ۲۵ شهریور ۱۴۰۱

**شب شمّه‌ای است از وزشِ گیسوانِ تو**

ایّام را به نامِ تو آغاز می‌کند
هر بلبلی که صبحدم آواز می‌کند
چشمِ سیاهِ توست که هر آبِ تلخ را
سرخِ شرابِ سرخوشِ شیراز می‌کند

شهروندانِ شهریور

هر کودکی که روی تو را دید بی‌گمان
لب را فقط به قول و غزل باز می‌کند
شب شمّه‌ای است از وزشِ گیسوانِ تو
روز از تنِ تو روشنی ابراز می‌کند
در من پرنده‌ای است که هر شب در ارتفاع
با یادِ چشم‌های تو پرواز می‌کند

تهران - ۳ مرداد ۱۴۰۱

سعید رضادوست

**در دستِ گیجِ بادْ رها بود احوالِ سایه‌روشنِ گیسو**

در آسمانِ سبزِ تخیّل برداشت شب دفِ کهنش را
آشفته‌حال زد زنِ کولی بر آن تَنَن‌تَنان و تنش را
در دستِ گیجِ بادْ رها بود احوالِ سایه‌روشنِ گیسو
امواج می‌رساند به ساحل بوی معطرِ بدنش را

از مصر می‌رسید به تهران زنگِ خیالِ خیلِ شترها
آورده بود باد بشارت، آورده بود پیرهنش را
پاریس بود و صبحِ نشابور در اصفهانِ چشمِ سیاهش
باید سفر کنم به تنِ او «ای کاش آدمی وطنش را...»

کیش - ۳ اردیبهشت ۱۴۰۱

## اشک‌هایت دمی قرار نداشت

نتوانی که دل برید سعید!
هست کوتاه دستِ ناامید سعید!
جاده تا دوردست ناپیداست
تا کجا می‌شود دوید سعید؟!

زندگی حالِ ساده بود ولی
عاشقی؛ ماضیِ بعید سعید!
در جهانی عجب به سر بردی
روزِ تیره، شبِ سپید سعید!
بر کهن‌غارِ تاربستهٔ خویش
وحی کن سوره‌ای جدید سعید!
باغِ عطار گشت غرقهٔ نور
در وقوع است بایزید سعید!
آن پرنده چه گفت در پرده؟
ـ قارقاری که شد شهید سعید! ـ
اشک‌هایت دمی قرار نداشت
در نگاهت دمد نوید سعید!
می‌رسد در پیام با حسرت
بنویسد شبی: «سعید... سعید...»

نیشابور - ۲۵ آبان ۱۴۰۲

سعید رضادوست

*برای دکتر محمد جلالی و آیینه‌خوییِ او*

**به پایان می‌رسد هر بار انسان در شبِ هجران**

در آفاقِ نگاهت زیستم پروازِ دیگر را
بگردان پرده را و ساز کن آوازِ دیگر را
به جز آن چیزهایی را که می‌گفتند و فهمیدیم
درونِ چشم‌هایت خوانده‌ام من رازِ دیگر را

## شهروندانِ شهریور

بچرخ و مست شو تا حافظ از شوقِ غزل‌خوانی
بکوبد پا و هم برپا کند شیرازِ دیگر را
کدامین نغمه را یارای افشای نهانی‌هاست؟
برایت کوک خواهم کرد امشب سازِ دیگر را
شفای کور و مرده‌زنده کردن سخت تکراری است
برای خَلق باید رو کنی اعجازِ دیگر را
به پایان می‌رسد هر بار انسان در شبِ هجران
خوشا در آسمانِ عاشقی پروازِ دیگر را

نیشابور - ۲۴ شهریور ۱۴۰۲

**وطن! دوراز تو بادا جنگ و جهل و جورِ مجنونان**

غمی مانده است بر جانم تو می‌دانی چه می‌گویم
فزون از حدّ امکانم، تو می‌دانی چه می‌گویم
منم هم‌نبضِ مولانا «چهل سال است چون موسی
به گِردِ این بیابانم» تو می‌دانی چه می‌گویم

به چندین شکل جان دادم، به چندان شکل پژمردم
چنین چندین و چندانم تو می‌دانی چه می‌گویم
به یغما رفته‌ام، غارت شدم، زیر و زبر گشتم
نِشابور و خراسانم، تو می‌دانی چه می‌گویم
زمین آشفته از خوابی است در شب‌پرسه‌ها جاری
من آن خوابِ پریشانم، تو می‌دانی چه می‌گویم
تمامِ زندگی دردی پس از دردی پس از دردی است
پُر از درد است دامانم تو می‌دانی چه می‌گویم
برایت ای وطن! دارو ندارم درد آوردم
ولی نشکست پیمانم تو می‌دانی چه می‌گویم
اگر پایم کویرِ فقر و دستم دشتِ بی‌برگ است
پُر از نور است چشمانم تو می‌دانی چه می‌گویم
وطن! دوراز تو بادا جنگ و جهل و جورِ مجنونان
دریغ از خاکِ ایرانم؛ تو می‌دانی چه می‌گویم

تهران - ۲۴ دی ۱۳۹۹

**ای وطن! مرا به بَر بکش**

شهرِ پُرشکوه و نازنین
شهرِ آنچنان و اینچنین
شهرِ هفت وادیِ سلوک
شهرِ عبرتِ سَبکتگین

شهروندانِ شهریور

شهرِ کفر و شک و زندقه
شهرِ دین و مذهب و یقین
شهرِ صفر تا صدِ قرون
شهرِ بهترین و بدترین
آسمان هم از تو شد بلند
روشن از تو می‌شود زمین
دوستی و دشمنی؛ به هم
در تنت تنیده مهر و کین
پروریده‌ای مرا، بس است
بی‌نیازی از هر آفرین
ای وطن! مرا به بَر بکش
ای وطن! همین، فقط همین

نیشابور - ۴ آذر ۱۴۰۲

**خطِ خطا کشید بر صورتم زمان**

هر کس گرسنه است؛ من سیرم از خودم
آخر به تیرِ خویش می‌میرم از خودم
در جنگ تن به تن با دستِ خویشتن
این انتقام را می‌گیرم از خودم

شهروندانِ شهریور

من پیرِ سال و ماه تنها نبوده‌ام
هم پیرِ سال و ماه، هم پیرم از خودم
دیدم در آینه کابوس می‌وزد
کابوس اینکه در تکثیرم از خودم
نبضِ جهانِ من بی‌نظم می‌زند
زودم به روزِ خویش، شب دیرم از خودم
خطِ خطا کشید بر صورتم زمان
دلگیرم از خدا دلگیرم از خودم

تهران - ۱۳ شهریور ۱۴۰۲

## هنگامِ باران نیست

پیداست، پنهان نیست
جان هست، جانان نیست
هنگامهٔ خشکی است
هنگامِ باران نیست

شهروندانِ شهریور

این درد را هرگز
آغاز و پایان نیست
در هم‌قطارانم
از رهسپاران نیست
جز دستمالِ صبر
در زیرِ دندان نیست
در من هیاهویی
دیری است زندانی است
جان کندن آسان بود
دل کندن آسان نیست

تهران - ۱۲ مرداد ۱۴۰۲

**وحی آمده تا بر تنت امروز ببارد**

در کارِ جهان نقطه و پرگارِ خودت باش
همسایهٔ دیوار به دیوارِ خودت باش
تصویرِ تو در آینهٔ چشمِ تو زیباست
تکراریِ تکراریِ تکرارِ خودت باش

## شهروندانِ شهریور

دستِ کمکِ هیچ‌کسی راه‌گشا نیست
در رهگذرِ قافله عیّارِ خودت باش
خورشید اگر هیچ نتابید نتابد
سرگرم به دلداریِ دلدارِ خودت باش
وحی آمده تا بر تنت امروز ببارد
در فکرِ فراهم شدنِ غارِ خودت باش
امروز نشابور به چنگیز رسیده است
امروز فریدِ خود و عطارِ خودت باش

تهران - ۴ آذر ۱۴۰۲

سعید رضادوست

### چشمانِ تو تجسمِ یک رؤیاست؛ رؤیای بامدادیِ آزادی

با لذّتی که وصف نخواهد شد، با بوسه‌ای به عمقِ هم‌آغوشی
در انتظارِ آمدنت هستم در امتدادِ گنگِ فراموشی
از شهرزادِ چشمِ تو می‌پرسم از غصه‌ای که قصهٔ این شهر است
تلخی حلول کرده از این ماتم در لحنِ زخم‌خوردهٔ چاووشی

## شهروندانِ شهریور

چشمانِ تو تجسمِ یک رؤیاست؛ رؤیای بامدادیِ آزادی

آزادی! آه بغضِ فروخورده، آزادی! آه شعلهٔ خاموشی

احساس می‌کنم که تنم زخمی است مانند یک پرندهٔ در زندان

باید که بال و پر نزنم، گفتند: بی‌فایده است هرچه که می‌کوشی!

در فکرِ قتل‌های پُر از دردم زنجیره‌ای که رو به عدم دارد

گویا کسی در آن طرفِ خط نیست؛ افتاده است روی زمین گوشی...

تهران - ۱۷ شهریور ۱۳۹۵

سعید رضادوست

در هوای سعیدبن‌سلامِ مغربی که مشرقِ جان است.
**پس از تو هرچه سفر بود طعمِ ماتم داشت**

به نامِ حضرتِ باران؛ یگانه‌یارترین
حریمِ حرمتِ انسان؛ یگانه‌یارترین
گذشته است نسیمِ حضورت از دریا
وزیده سمتِ بیابان؛ یگانه‌یارترین

بریز قطره‌ای از رازهای مکشوفت
درونِ کاسهٔ ایمان؛ یگانه‌یارترین
درختی از لحظاتِ شهود رویاندی
میانِ فصلِ زمستان؛ یگانه‌یارترین
تو خانقاهِ رواداری‌یی که گردِ تنت
سماع کرده خراسان؛ یگانه‌یارترین
پس از تو هرچه سفر بود طعمِ ماتم داشت
پس از توایم هراسان؛ یگانه‌یارترین
بدونِ عطرِ وجودِ حضورِ روشنِ تو
رسیده‌ایم به پایان؛ یگانه‌یارترین

نیشابور - ۱۲ فروردین ۱۴۰۲

سعید رضادوست

### نشانه‌ای فروفرست تا جهان‌مان دَمی نفَس کشد

«همیشه می‌رسم به دادِ خستگانِ بی‌صدا»؛ تو گفته‌ای
رسیده نوبتِ حضورِ روشنایِ تو، کجا نهفته‌ای؟
گذشته آب از سرِ جهانِ ما و ارتفاعِ جان‌مان
خبر رسیده از جهان و جان‌مان؛ کدام را شنُفته‌ای؟

شهروندانِ شهریور

زنانِ تن‌فروش و مردمانِ تیره‌پوش و کودکانِ کار
برای هیچ‌یک شبی بگو که گوهرانِ اشک سُفته‌ای؟
نشانه‌ای فروفرست تا جهان‌مان دَمی نفَس کشد
نشانه‌ای فروفرست تا نشان‌مان دهی نخفته‌ای

تهران - ۲۴ آبان ۱۴۰۰

**آزادی! ای شکوهِ صبحِ رهایی!**

از جانبِ کویر می‌رسی از راه
آرام و سربه‌زیر می‌رسی از راه
در زمهریرِ خیسِ بهمن و اسفند
یا هُرمِ گُنگِ تیر می‌رسی از راه

شهروندانِ شهریور

بهرِ نجاتِ جانِ گربهٔ زخمی
از چنگِ گرگِ پیر می‌رسی از راه
آن دولتِ بدونِ دبدبه‌ای که
بی‌شاه و بی‌وزیر می‌رسی از راه
ای نوشداروی تبِ شبِ غربت!
گاهی ولی چه دیر می‌رسی از راه
آزادی! ای شکوهِ صبحِ رهایی!
ای لحظهٔ خطیر! می‌رسی از راه؟

تهران - ۲ آذر ۱۳۹۵

**رودها رو به انقراض دویدند**

هر یکی ناله با هزار بدل شد
گفت‌وگوها به جیغ و جار بدل شد
از خسوفِ خدا رسید پیامی
کارِ مردم به کارزار بدل شد

شهروندانِ شهریور

رودها رو به انقراض دویدند
روحِ سبزِ تنِ بهار بدل شد
امپراتوریِ امید فنا یافت
سرنوشتِ کهن‌دیار بدل شد
آب و آتش به باد و خاک گره خورد
تا مگر طبعِ این چهار بدل شد
هیچ تغییر اتفاق نیفتاد
هر صنوبر به چوبِ دار بدل شد
ای وطن! ای سپیدمویِ سیه‌پوش
روزگارت به سوزگار بدل شد

تهران - ۲۷ فروردین ۱۳۹۸

## جهانِ من به رنگِ چشم‌های توست

زمین به تو شبیه و آسمان شبیه
چقدر آن به این و این به آن شبیه
چنین شبیه‌تر کسی به ماه نیست
ندیده هیچکس کسی چنان شبیه

شهروندانِ شهریور

جهانِ من به رنگِ چشم‌های توست
تمامِ عمرِ من به ناگهان شبیه
شبیهِ بادِ صبحگاه می‌وزی
عبورِ تو به گامِ آهوان شبیه
وجودِ تو دلیلِ بودنِ من است
مرو که بوده بودِ تو به جان شبیه
غریب‌وار پاسخِ مرا مده
رفیقِ آشنای همچنان شبیه

نیشابور - ۵ اسفند ۱۴۰۲

**اژدهایی درونِ من خفته است**

روزهایم پر از پریشانی است
آن‌چنانی که افتد و دانی است
تلفن می‌زنم به کودکی‌ام
لهجه‌ام تا همیشه بارانی است

شهروندانِ شهریور

دست‌هایت وقوع تجربه‌اند
چشم‌هایت علومِ انسانی است
بدنت استوانهٔ غزل است
لحنِ اندامِ تو خراسانی است
تابِ وصفِ سیاهِ چشمانت
در توانِ حکیم خاقانی است
اژدهایی درونِ من خفته است
روح من سال‌هاست زندانی است
در غزل نیز باد می‌آید
این هنوز ابتدای ویرانی است

تهران - ۹ اردی‌بهشت ۱۳۹۴

## خسته‌ام مثلِ پیرِ سوزن‌بان

برف ماند و بهار می‌گذرد
گَرد ماند و سوار می‌گذرد
خسته‌ام مثل پیرِ سوزن‌بان
کز کنارش قطار می‌گذرد

با قضا و قدر گلاویزم
جبر ماند، اختیار می‌گذرد
بر قرار و مدارِ پیشینم
روزها بی‌قرار می‌گذرد
ردِ شدم از نگاهِ آیینه
چهره‌ای زرد و زار می‌گذرد
سایه‌ام با عصای ناکامی
از پی‌ام شرمسار می‌گذرد
گفته بودی که: «صبر باید کرد،
شومیِ قارقار می‌گذرد»
صبر کردم تمام عمر ولی
مگر این روزگار می‌گذرد؟

تهران - ۲۲ بهمن ۱۳۹۳

سعید رضادوست

**در بازگشت از جادهٔ جبرِ نبودن‌ها**

بیدار می‌گردم هراسان، اشک می‌ریزم
کابوس می‌بینم کماکان، اشک می‌ریزم
در من هراسِ پرسهٔ یک روحِ مجروح است
در کوچه‌هایِ گنگِ تهران اشک می‌ریزم

## شهروندانِ شهریور

یک درّهٔ غم اندوه بر پشت است و در پیشم
دریایی از دردِ فراوان، اشک می‌ریزم
آن میزبانِ قرض‌دارِ محنت‌آلودم
که پیشِ چشمِ هرچه مهمان اشک می‌ریزم
در بازگشت از جادهٔ جبرِ نبودن‌ها
در کوچهٔ بن‌بستِ درمان اشک می‌ریزم
شمسِ من آیا مولوی‌خوان بازخواهد گشت؟
تبریز خواهد شد خراسان؟... اشک می‌ریزم

تهران - ۲۵ دی ۱۳۹۳

## مرگ جبرِ زندگی است در قصیدهٔ حیات

بر لبم نمی‌نهند استکانِ بخت را
ریشه‌دارتر بزن بیخِ این درخت را
سخت می‌کشم نفسِ بی تو و رسانه‌ها
در میانه می‌کشند پای پایتخت را

شهروندانِ شهریور

گاه خاطراتِ تو روح می‌دمد مرا
گاه حصر می‌کند عصرهای تخت را
خیره مانده‌ام به تو، قابِ عکس، خیره‌تر!
جان بدم، تکان بده گیسوانِ لَخت را
مرگ جبرِ زندگی است در قصیدهٔ حیات
زندگی عوض نکرد این ردیفِ سخت را

تهران - ۱۳ مرداد ۱۳۹۳

سعید رضادوست

**سال‌هاست بین قرص‌های ماهیانه‌ام**

نامه‌ای نوشته‌ام که جوهرش کلام توست
نامه‌ای نه آنچنان که در خور مقام توست
نامه‌ای بدون حرف و صوت و گفت و فعل و نام
نامه‌ای که غایت و بدایتش به نام توست

شهروندانِ شهریور

نامه‌ای که چرخ می‌خورد شبیه کولیان
این کبوترِ سپید در هوای بام توست
سال‌هاست بین قرص‌های ماهیانه‌ام
اشتباه کرده‌ام، سلامتی سلام توست
جا به جا نموده‌ای مراتبِ وجود را
عامِ ما که خاصِ توست و خاصِ ما که عام توست
روشناییِ روایت از شهودِ مشرقی
قونیه سماع‌بارهٔ مدامِ جام توست
آهوانه دشتِ سینهٔ مرا قدم زدی
قلب من نمی‌زند؛ صدا صدای گامِ توست

تهران - ۱۱ تیر ۱۳۹۳

**میانِ حجمِ گلویم شکست شیشهٔ بغض**

مدام حرف زدم، حرف کار و بار زدم
از انجمادِ زمستان و از بهار زدم
درونِ خویش قراری نداشتم آن شب
چه بی‌قرار ولی حرف از قرار زدم

## شهروندانِ شهریور

میانِ حجمِ گلویم شکست شیشهٔ بغض
امان ندادمَش و اشک را مهار زدم
تمام شد تلفن، گوشه‌ای روانه شدم
هجومِ عقربه‌ها را شبانه زار زدم
«عجیب واقعه‌ای و غریب حادثه‌ای»
مرا کنار زدی و تو را کنار زدم
شدی تو «شاید» و من احتمالِ یک «باید»
به آبِ حادثه دل را چه بی‌گدار زدم
همین قدَر که بدانی برایِ من کافی است:
به یادِ چشمِ تو امروز هم دوتار زدم

تهران - ۱۲ تیر ۱۳۹۴

سعید رضادوست

**مردانِ بی نقاب، زنانِ بدون مرز**

بغضی میانِ حنجره زندانی من است
اخبارِ روز، شرحِ پریشانی من است
ابری شده است سطحِ وجودِ کویری‌ام
دریا اسیر لهجهٔ بارانی من است

شهروندانِ شهریور

شعرم سیاه‌پوشِ غمِ روزگار شد
این امتدادِ نالهٔ خاقانی من است
پاریس، بم، ایالتِ قُندوز، بامیان
ویرانیِ تو موجب ویرانی من است
مردانِ بی نقاب، زنانِ بدون مرز
تفسیری از اصولِ مسلمانی من است
آیا چه فرق می‌کند ایران، فرانسه، آه!
پاریس نیز روحِ خراسانی من است

تهران - ۲۳ آبان ۱۳۹۴

**سبز خواهم شدن در این پاییز**

جز بلندای یار قد نکشد
جورِ این روزگار قد نکشد
حصرِ بغضم شکست در باران
دیگر این کارزار قد نکشد

شهروندانِ شهریور

سبز خواهم شدن در این پاییز
هر چه غیر از بهار قد نکشد
در هوا بوی منطق‌الطّیر است
تیرهٔ قارقار قد نکشد
استعاری است روزگارِ غزل
غزلِ مستعار قد نکشد
اشک‌هایم دمی قرار نداشت
عمرِ این بی‌قرار قد نکشد
برسی کاش و بیش از این دیگر
سایهٔ انتظار قد نکشد

تهران - ۳ آذر ۱۳۹۴

**ای بختِ برگشته! تو شاهد باش**

دیدی مرا و من تو را دیدم
خندیدی و من نیز خندیدم
می‌دیدمت در قعرِ آیینه
تصویر را با شوق سنجیدم

شهروندانِ شهریور

حرفی میان چشمِ خیسم بود
ترسیدم از ابراز، ترسیدم
سیبِ درختِ معرفت را نیز
دزدیده از لب‌هات می چیدم
پرسیدم: «آیا دوستم داری؟»
پرسیدم امّا هیچ نشنیدم
در چشم‌های خود یقین داری
گویا من امّا غرقِ تردیدم
آزاد می‌خواهم تو را هرچند
عمری است در چنگالِ تبعیدم
[فهمیده آیا حرف‌هایم را؟
فهمیده آیا سخت لرزیدم؟
فهمیده آیا عکسِ بر دیوار
لبریزِ غم، بی‌هیچ امّیدم؟]
ای بختِ برگشته! تو شاهد باش
هر شب میانِ اشک خوابیدم

تهران - ۱ بهمن ۱۳۹۴

## ای آسمانِ سبزِ سعادت

هر شعر در ثنای تو خوب است
در نای جان نوای تو خوب است
بی چون و بی چرا شدم امّا
چونِ تو و چرای تو خوب است

## شهروندانِ شهریور

پر می‌کشم به سبزِ حضورت
پرواز در هوای تو خوب است
خیر است هر کجا که تو باشی
دانسته‌ایم جای تو خوب است
من کافرم به مذهب اینان
فهمیده‌ام خدای تو خوب است
ای آسمانِ سبزِ سعادت
آیا زمین برای تو خوب است؟
در امتدادِ سایه‌ات هستیم
حرکت در اقتفای تو خوب است
دستِ طلب به دستِ تو دادیم
جاری شدن به پای تو خوب است
نوشیدنِ شرابِ رهایی
در استکانِ چای تو خوب است
تکرارِ شادی است صدایت
تکرار کن، صدای تو خوب است

تهران - ۱۰ اسفند ۱۳۹٤

### کارِ من عاشقی است ای مردم

صبر کردم که یار برگردد
فصلِ سرخِ انار برگردد
رفته است ایستگاه و من تنها
مانده‌ام تا قطار برگردد

بختِ برگشته‌ام بگردد کاش
تا مگر روزگار برگردد
روحِ فرسوده از غمِ ایّام
باید اکنون به غار برگردد
کارِ من عاشقی است ای مردم
باید این «من» به کار برگردد
رفته بودم به صیدِ مروارید
تا گدا شهریار برگردد
آرزو کرد مادرم، پسرش
دستِ پر از شکار برگردد
چه کسی دیده است مردی را
بی‌قرار از قرار برگردد
همچو قونیّه آرزومندم
که خداوندگار برگردد
غیبتت انجمادِ اسفند است
کاش امشب بهار برگردد

تهران - ۱۶ اسفند ۱۳۹۴

## میان پیرهنش قونیه است و نیشابور

درون زندگی‌ام جای گام‌های زنی است
که مثنوی نگاهش ختایی و ختنی است
کسی که کوچکِ لب‌هاش آیه‌ای مکّی
طویلِ روشنِ گیسوش سوره‌ای مدنی است

## شهروندانِ شهریور

نشسته است ارسطو به حل اندامش
اسیرِ معبدِ چشمش حکیم و برهمنی است
میان چشم من و انحنای گیسویش
چه نسبتی است؟ تو گویی برادری تنی است
میان پیرهنش قونیه است و نیشابور
میان پیرهنش جاریِ جهان وطنی است
«فراقِ یار نه آن می‌کند که بتوان گفت»
اگر نمرده‌ام از تلخ‌دردِ بی‌کفنی است

نیشابور - ۵ خرداد ۱۳۹٤

## در بهشتِ مردها صدای زن نبود

روی رنج و دردهایمان چه می‌کشی؟
هان بگو چه می‌کشی؟ چنانچه می‌کشی
زیر ابرهای تیرگی و خستگی
روی بوم و رنگِ آسمان چه می‌کشی؟

شهروندانِ شهریور

این نهایت برهنگی آدمی است
بر برهنگی استخوان چه می‌کشی؟
فکر کن که شام آخر است، روی میز
جز شراب و نان و استکان چه می‌کشی؟
پرسش مرا به گوش آدمی بگو:
انتظار معجزات، هان، چه می‌کشی؟!
در بهشتِ مردها صدای زن نبود
جز خجالت از رخِ زنان چه می‌کشی؟
کاروانِ دردها شبانه می‌رسد
غیر من میان کاروان چه می‌کشی؟
خواب دیده‌ام نشسته‌ایم در افق
خواب دیده بودمَت کمانچه می‌کشی

تهران - ۲۹ فروردین ۱۳۹۴

## در من هزاران روحِ مجروح است

باز آ، تو می‌دانی چه می‌گویم
یارا! تو می‌دانی چه می‌گویم
بغضی درون من گره خورده است
امّا تو می‌دانی چه می‌گویم

شهروندانِ شهریور

پرسیدم از تصویرِ آیینه:
«آیا تو می‌دانی چه می‌گویم؟»
ای کوه! می‌فهمی سکوتم را
صحرا! تو می‌دانی چه می‌گویم
ای شب! درونِ سینه‌ام حرفی است
فردا! تو می‌دانی چه می‌گویم
تا دیرباز این غم بسوزاند
جان را، تو می‌دانی چه می‌گویم
در من هزاران روحِ مجروح است
تنها تو می‌دانی چه می‌گویم

تهران - ۲۴ مهر ۱۳۹۴

## بپاش بر تنِ من نقش‌های جادو را

حضورِ آبیِ دریا میانِ چشمانم
من آن نهنگِ جدا از عمیقِ عمّانم
چه آن فراقِ قریب و چه این وصالِ بعید
نه دلخوشم به همین و نه سرخوش از آنم

شهروندانِ شهریور

چه آمده است بر احوالِ روحِ خستهٔ من
که خون فروچکد از تیرگی مژگانم
شکسته‌خسته خزیدم به انزوای درون
سپیدموی‌ترینم، سیاه‌دندانم
رسیده‌ام به تو ای شرقیِ شهودِ یقین!
رسیده‌ام به تو ای مَطلعِ خراسانم!
بپاش بر تنِ من نقش‌های جادو را
اگر اراده کنی نقش‌بندِ ایوانم
به هر طرف که بچرخی نماز خواهم خواند
بچرخ در طلبت آفتابگردانم
بچرخ شرقیِ بلخی! برقص در باران
بچرخ و در حرکاتت دمی برقصانم

نیشابور - ۱۶ مهر ۱۳۹۴

برای دکتر هدایت‌الله فلسفی
که شرابِ حق‌خواهی را فیلسوفانه به ما نوشاند.
## در جست‌وجوی شمسِ آزادی در تبعید

در کوچه‌های غربتِ پاییز می‌گرید
بر کشتگانِ فتنهٔ چنگیز می‌گرید
من دیده‌ام گاهی میان خواب و بیداری
من دیده‌ام در جمع و خلوت نیز می‌گرید

شهروندانِ شهریور

مانند اقْیانوسِ آرامِ کویرِ شب
در خویش می‌موید، چنان کاریز می‌گرید
در جست‌وجوی شمسِ آزادی در تبعید
از بلخ تا قونیه و تبریز می‌گرید
در گوشه‌ای از پایتختِ دردهای قرن
مردی برای مردمان یکریز می‌گرید

تهران - ۱۱ آبان ۱۳۹۴

سعید رضادوست

## نشسته خنجرِ اندوه بر گلوی امید

زمان زمانهٔ درد است و روزگارِ دریغ
قرار یافته ایّام بر مدارِ دریغ
شبانه می‌گذرد از هراسِ نیشابور
هزار واگنِ حسرت پی قطارِ دریغ
نشسته خنجرِ اندوه بر گلوی امید
چه بار می‌دهد این بار شاخسارِ دریغ
غریب‌مردمِ محنت‌کشِ گرفتاری
که عمر می‌گذرانند در دیارِ دریغ

## شهروندانِ شهریور

غریب‌مردمِ محنت‌کشِ کفن‌پوشی
که طعمهٔ شبِ مرگ‌اند و کارزارِ دریغ
غریب‌مردمِ محنت‌کشی که می‌بافند
برایِ روز مبادا طنابِ دارِ دریغ
چه کرده‌اند مگر مردمان به جز یاری؟
چه چیده‌اند از این باغ غیرِ خارِ دریغ؟
نصیبِ هر که نگاهش دریچه‌ای بگشود
چه بوده است به جز تیغِ آبدارِ دریغ؟
خزانِ حسرت آوار می‌شود بر ما
وَ باز می‌رسد از ابتدا بهارِ دریغ
نمانده است کسی تا بیاید از آن کوه
که فاش گویدمان باز رازِ غارِ دریغ
نمانده است کسی و نیامده است کسی
دریغ چشم‌به‌راهان در انتظارِ دریغ
دریغ می‌رود و درد می‌رسد، فریاد
که درد می‌رود و می‌رسد دوباره دریغ

تهران - ۱۲ خرداد ۱۳۹۷

## دربارهٔ نویسنده

سعید رضادوست، پژوهشگر و نویسنده و شاعر، متولد ۱۳۶۴ ایران (نیشابور) است. او دانش‌آموختهٔ حقوق بوده و سال‌ها به صورت تخصصی در حوزهٔ ادبیات و حقوق و مباحث میان‌رشته‌ای کوشیده و قلم زده است. تجربهٔ حرفه‌ای روزنامه‌نگاری و دوتارنوازی (مکتب شمالِ خراسان) نیز موجب شده است تا او بتواند از چشم‌اندازهای گوناگون به موضوعات بنگرد و دربارهٔ آن‌ها بیندیشد و بنویسد.

**روزنامهٔ مَلِکان**: شیوهٔ حکمرانی از نگاه خواجه نظام‌الملکِ طوسی (نگاه معاصر: ۱۳۹۸)، **روزهای آخرِ اسفند**: چیستیِ امید و واکاوی آن در شعر شفیعی‌کدکنی (نشر آسیم: ۱۴۰۰)، **تصحیح، مقدمه و تعلیقات** بر ترجمهٔ طالبوف از پندنامهٔ مارکوس اورلیوس (مانِ کتاب: ۱۴۰۲) از جمله کتاب‌های او در حوزهٔ پژوهش و تحلیل می‌باشد که تاکنون چندین‌بار تجدید چاپ شده‌اند.

از سعید رضادوست تا امروز چهار مجموعه غزل به شرح زیر منتشر شده است:

- **به قونیه بکشانیم پای تهران را**، با مقدّمه دکتر محمدعلی موحد، نشر مشکی، ۱۳۹۳
- **بچرخ و قونیه را آفتابگردان کن**، نشر نگاه معاصر، ۱۳۹۵
- **شبِ دربند، صبحِ آزادی**، نشر نگاه معاصر، ۱۳۹۹
- **بیست‌وهشتمِ اسفند**، نشر کتاب آبی، ۱۴۰۱

## انتشارات آسمانا (تورنتو) منتشر کرده است:

## پژوهش‌های علمی و دانشگاهی

- Whispers of Oasis: Likoo's Poetic Mirage, by M. Ganjavi, A. Fatemi and M. Alimouradi, 2024
- حافظ و بازگویی، تالیف رضا فرخفال، ۲۰۲۴
- زنان کُرد در بطن تضاد تاریخی فمینیسم و ناسیونالیسم، تالیف شهرزاد مجاب، ۲۰۲۳
- شورش دهقانان مکریان ۱۳۳۲-۱۳۳۱: اسناد کنسولگری، مکاتبات دیپلماتیک و گزارش روزنامه‌ها، پژوهش امیر حسن‌پور، ۲۰۲۲

## تصحیح انتقادی

- رستم در قرن بیست‌ودوم (تصحیح انتقادی و مصور)، تالیف عبدالحسین صنعتی‌زاده (ویرایش م. گنجوی و م. منصوری)، ۲۰۱۷

## شعر

- آینه را بشکن، شعر از نانائو ساکاکی، ترجمه مهدی گنجوی، ۲۰۲٤
- عجایب یاد، شعر از امیر حکیمی، ۲۰۲۳
- کهکشان خاطره‌ای از غروب خورشید ندارد، شعر از مهدی گنجوی، ۲۰۲۳
- غریبه‌هایی که در من زندگی می‌کنند، شعر از مهدی گنجوی، ۲۰۲۱
- تبعیدی راکی، شعر از علی فتح‌اللهی، ۲۰۱۸

## داستان

- فیل‌ها به جلگه رسیدند، رمان از کاوه اویسی، ۲۰۲٤
- مقامات متن، رمان از مرضیه ستوده، ۲۰۲٤
- انتظار خواب از یک آدم نامعقول، مجموعه داستان از مهدی گنجوی، ۲۰۲۰

برای ارتباط با نشر آسمانا:

Asemanabooks@gmail.com

Asemanabooks.ca

# Citizens of September

*A Book of Ghazals*

# Saeid Rezadoust

**Asemana Books**

**2024**

-----------------------Asemana Books----------------------